NOTICE

SUR LES

EAUX ET BOUES MINÉRALES

DE SAINT-AMAND.

EAUX THERMALES DE ST AMAND,
(Dépt du Nord.)

NOTICE

SUR LES

EAUX ET BOUES MINÉRALES

DE SAINT-AMAND,

ET

LEURS PROPRIÉTÉS PHYSIQUES ET MÉDICALES,

PAR LE DOCTEUR D***.

VALENCIENNES,

IMPRIMERIE DE A. PRIGNET, RUE DE MONS.

1846.

’ÉTABLISSEMENT thermal de Saint-Amand, si connu par l'efficacité de ses eaux et de ses boues, est situé dans le département du Nord, à trois lieues de Valenciennes et à quatre de Tournay. A peu de distance se trouve la petite ville de St.-Amand.

sur la Scarpe, on y compte environ 10,000 habitants en y comprenant les hameaux qui en dépendent ; elle doit son origine à la fameuse abbaye de bénédictins, fondée en 639 par Saint Amand, évêque de Maestricht, et dotée par le roi Dagobert.

A trois quarts de lieue, au levant des restes encore splendides de cette abbaye et de la ville dont elles font partie, se trouvent les sources minérales dont il est ici question et que l'on connaît sous le nom d'*Eaux et Boues minérales de Saint-Amand*. Leur célébrité remonte à une époque très-reculée ; car en 1697 on découvrit, près d'une des fontaines, plusieurs monuments, statues, médailles etc., qui semblent indiquer que les Romains avaient connu et fait usage de ces eaux. Elles sont situées à l'extrémité d'un petit hameau et dans une prairie entourée, de toutes parts, d'un bois assez étendu qui porte aussi le nom de St.-Amand. Il y a aujourd'hui deux sources minérales dans la prairie de St.-Amand, sans compter l'emplacement qui contient les boues ; et une troisième fontaine qui est abandonnée.

La première, et la plus ancienne des trois, est la

Fontaine-Bouillon, ainsi nommée à cause sans doute du mouvement continuel de ses eaux, produit par la quantité de bulles de gaz acide carbonique qui sortent du fond de cette source, et à cause des révolutions auxquelles elle est sujette.

La seconde se nomme *la Fontaine de l'Évêque d'Arras,* la *Fontaine de l'Évêque* ou la *Fontaine d'Arras :* elle porte ces noms, parce qu'un évêque d'Arras récupéra la santé par l'usage de ses eaux ; cependant aujourd'hui on lui donne plus communément le nom de *Fontaine de Vérité ;* ses eaux sont en usage depuis 1714.

La troisième se nomme la *Fontaine-Négligée* ou du *Pavillon-Ruiné :* elle est située à dix pas de la première du côté du levant. Sa dénomination lui vient d'un pavillon qu'on y construisit en 1716 et qui croula en 1727; cette source était une dépendance de la Fontaine-Bouillon. Une maçonnerie que l'on y éleva en l'année 1648 comprimait et arrêtait ses eaux à leur sortie, au point qu'elles se sont fait jour dans l'emplacement que nous venons d'indiquer et y ont formé une nouvelle fontaine dont on se servit pendant longtemps On la nommait alors le *Grand-Bouillon*, sans doute parce qu'elle était devenue plus considérable que la première; mais la Fontaine-Bouillon ayant fortuitement repris sa première vigueur, dans l'intervalle des travaux que l'on fit à celle-ci, en 1716, on y revint et la Fontaine du Grand-Bouillon fut tout-à-fait abandonnée.

L'intervalle du terrain entre les Fontaine-Bouillon et de l'Évêque d'Arras est d'environ 25 toises. Le sol de l'ancienne prairie, dans cet endroit, est composé de trois lits de terres différentes : le lit superficiel est d'une terre noire, semblable à de la tourbe; le deuxième est d'une espèce de marne ordinaire et le troisième d'un sable mouvant qui descend à sept et dix pieds de profondeur. C'est au travers de ces sables, dans un espace de 84 pieds en carré long, que se trouve une grande quantité de petites sources, dont les eaux, en sortant du lit de sable, viennent détremper cette marne grasse, et, passant ensuite dans la terre noire et marécageuse, en forment une espèce de bourbier, que l'on appelle boues minérales de St.-Amand, parce que les principes minéraux y sont déposés par le courant des eaux qui, du fond, viennent gagner la superficie.

La boue est noire et répand une odeur sulfureuse
très-sensible ; elle est imbibée d'eau minérale de la
même nature que celle des eaux de la Fontaine de
l'Évêque d'Arras. D'après M. Caventou, cent parties de
cette boue sont formées de :

Eau,   56,44.
Matière solide,   43,56.

Les matières fixes de la boue sèche et incinérée,
présentent d'après le même chimiste, de 90 p. % de
silice et de 10 p. % des matières suivantes :

Carbonate de chaux,
Peroxyde de fer,
Alumine,
Carbonate de magnésie,
Oxyde de magnésie, des traces.

Les eaux de la Fontaine-Bouillon sont tièdes à leurs
sources, claires, insipides et d'une odeur sulfureuse
(gaz hydrogène sulfuré), laquelle cependant augmente
plus ou moins, à proportion que les sources sont en
mouvement ; ces eaux diminuent aussi de qualité à

mesure que l'on avance dans la journée. Il sort des
sources de cette Fontaine une quantité de bulles d'air,
qui viennent éclater à la surface de l'eau (gaz acide
carbonique). On voit une infinité de petits corps trans-
parents qui, de la superficie de l'eau, jaillissent deux
ou trois pouces plus haut : ce qui arrive aussi lorsqu'on verse de cette eau dans un verre. Sur la surface
des eaux de cette source, on aperçoit, en tout temps,
des espèces d'étincelles brillantes, qui sont dans un
mouvement perpétuel, et qui dénotent que les eaux
contiennent quelque substance spiritueuse qui s'éva-
pore continuellement. Aussi perdent-elles leurs vertus,
si on les laisse dans un vase ouvert : mais puisées à
leur source et conservées dans des bouteilles bien fer-
mées, elles conservent leurs vertus pendant un certain
temps ; elles sont donc transportables.

Si l'on verse, pendant l'obscurité, du phosphore, de
l'ammoniaque, de l'huile essentielle de térébenthine
dans la **Fontaine-Bouillon**, on voit une espèce de
flamme au-dessus de l'eau : si c'est durant le jour, on
verra un cercle de couleurs les plus belles, semblables
pour les **nuances** à celles de l'arc-en-ciel.

La fontaine du Pavillon-Ruiné est sujette aux mêmes révolutions et bouillonnements que la Fontaine-Bouillon.

Voici leur analyse faite en 1833, par M. Kulhman, chimiste.

FONTAINE-BOUILLON ET FONTAINE DU PAVILLON-RUINÉ.

Caractères physiques.— L'eau est limpide, insipide, inodore, à 25 degrés 1/2 centigrade.

Caractères chimiques.— Pour 3 litres d'eau.

Gaz acide carbonique libre ou combiné
aux carbonates.................... 57 cent. cubes.

Chlorure de magnesium	0,285 gram.
» de sodium..................	0,055
Sulfate de magnésie	0,453
» de soude..................	0,703
» de chaux..................	2,611
Carbonate de magnésie.............	0,238
» de chaux..................	0,198
Silice...........................	0,060
Matières organiques et fer, des traces	

Total.... 4,603 gram.

Therm. centigr. 18° 1/2.
Pression . . . . . . 76,30.

Les eaux de la Fontaine de Vérité ou de l'Évêque
d'Arras sont beaucoup plus chargées de minéraux que
celles des autres sources, parce que cette Fontaine a
moins d'évaporation ; elles sont plus sulfureuses et
elles ont un goût et une odeur d'œuf couvé assez désa-
gréables ; elles sont aussi un peu plus chaudes que les
autres ; aussi ont-elles des principes plus abondants et
sont-elles plus purgatives.

Caractères physiques.— L'eau de ces Fontaines diffère de
celle des précédentes par une odeur et une saveur hépatique
très-marquée ; à 25°, 5 centigr.

Caractères chimiques.— Pour 3 litres d'eau.

Acide carbonique libre	97 centim. cub.	
Chlorure de magnesium	0,230	gram.
» de sodium	0,055	
Sulfate de magnésie	0,384	
» de soude	0,511	
» de chaux	2,525	
A reporter.	3,705	

Report.   3,705

Carbonate de magnésie.............   0,305

»   de chaux................   0,136

Silice.........................   0,085

Matière organique, fer, hydrogène sulfuré ou sulfate de sodium, des traces.

Total.... 4,229 gram.

Température 19° 1/2

Pressiom.... 77,30.

Les eaux et boues ont depuis 7 jusqu'à 10° de chaleur au-dessus du tempéré, en admettant cependant
que le degré de chaleur des eaux peut varier selon le
mouvement et l'agitation de leurs sources, et que celui
de la surface des boues est soumis aux variations de
l'atmosphère.

On fait usage des eaux et des boues de St.-Amand en
y prenant des bains. On boit aussi les eaux des fontaines (3 ou 4 verres le matin, jusqu'à 30 et 60 en un
jour). On peut les injecter dans les parties affectées. Si
elles n'étaient pas assez chaudes, il est facile de leur
donner le degré de chaleur nécessaire, au moyen des

appareils nouveaux et des établissements que l'on vient d'ajouter à ceux que l'on avait déjà érigés sur l'emplacement de ces fontaines.

Propriétés médicinales.

L'eau prise intérieurement est apéritive et sudorifique; chez la plupart des sujets qui en font usage , elle produit un effet purgatif, les premiers jours seulement. Quant aux propriétés diurétiques , qu'on lui attribue généralement , peut-être tiennent-elles à la grande consommation que la généralité des baigneurs en font chaque jour comme boisson.

Elle produit de bons effets dans quelques maladies chroniques, principalement dans les hépatites , les néphrites et cystites calculeuses, les rhumatismes contractés au service militaire , etc.

C'est principalement dans quelques affections articulaires et dans certaines paralysies que l'emploi des boues a été préconisé à juste titre. Le Dr Corvisart les prescrivit à l'un des frères de Napoléon , pour une atrophie des extrémités supérieures et ce traitement ne

fut pas sans quelque succès. Il y a plusieurs années,
sous la direction de M. Armet, inspecteur de l'établissement, un habitant de la ville d'Amiens, âgé de 66
ans, obtint une guérison surprenante. Cet individu, à
son arrivée, était absolument impotent ; il ne pouvait
que traîner les pieds et on le soutenait sous les deux
bras ; ses facultés intellectuelles étaient affaiblies, et
il retenait ses urines avec beaucoup de peine. Par
les conseils de son médecin, ce malade prit, pendant deux saisons, les eaux et les boues de St.-Amand.
A la suite de son second voyage, il recouvra une santé
parfaite, à la grande surprise de tous ceux qui le con-
naissaient.

On préconise encore les eaux et les boues de St.-
Amand contre les maladies chroniques de la peau, les
hydrarthroses, les rhumatismes musculaires, les ar-
thrites chroniques, la gravelle, les ankiloses, l'atrophie des extrémités, les hépatites chroniques, certaines
gastralgies, les paralysies indépendantes d'une lésion
soit du cerveau soit de la moelle épinière, etc.

Les bains, et surtout les boues, donnent souvent

lieu à des démangeaisons, à des cuissons et parfois à une éruption cutanée plus ou moins étendue. Quelquefois les maladies paraissent s'aggraver au début du traitement. Ainsi, pour les dartres, les éruptions s'étendent, de la chaleur et de la rougeur se développent, les démangeaisons ou les cuissons augmentent d'intensité, mais ces symtômes alarmants ne tardent point à disparaître et l'éruption ancienne marche rapidement vers la guérison. Dans certains cas d'arthrite ou de rhumatisme, etc., un état aigu se déclare quelquefois pour faire bientôt place à une amélioration tantôt rapide, tantôt graduelle.

Établissements érigés pour l'usage des eaux et des boues de St -Amand.

De tous les bâtiments dont la Fontaine-Bouillon', autrefois la seule connue, paraissait avoir été entourée, il ne restait plus . vers le milieu de l'avant-dernier siècle, qu'une ferme voisine qui empruntait son nom à cette Fontaine. La famille qui occupait cette ferme, de père en fils, semblait être seule gardienne de ces eaux; elle voyait chaque année des visiteurs de la contrée atteints de la gravelle, y venir chercher un soulagement et trouver leur guérison, jusque vers l'époque où l'archiduc Léopold, gouverneur des Pays-Bas, y fut amené par son médecin, en 1648. Ce prince, attaqué de coliques néphrétiques et de gravelle, ayant été parfaitement guéri par l'usage de ces eaux, une cure si remarquable, opérée sur la personne d'un prince souverain, attira l'attention du public et particulièrement celle de M. Dubois, alors abbé de St.-Amand.

Il pensa qu'il serait profitable de réédifier ces thermes dont il n'existait plus que des ruines au travers desquelles les eaux des ruisseaux voisins charriaient des débris de végétaux et de la tourbe, envahissaient la fontaine et y déposaient une couche vaseuse au-dessous de laquelle on distingait à peine le bouillonnement naturel des eaux. Les bulles de gaz s'échappaient en perçant cette croûte supérieure. Le vénérable abbé Dubois posa la première pierre des constructions nouvelles, bénit les eaux, et devint le promoteur du nouvel établissement qui se trouvait dans la circonscription des propriétés de l'opulente abbaye de St.-Amand.

Pour conserver à ces eaux la pureté qu'elles pouvaient avoir en sortant de leurs sources, on imagina
de bâtir un coffre rond en maçonnerie, posé sur un
cercle de bois suspendu en l'air par quatre câbles.
Après que cette maçonnerie fut séchée et raffermie, on
la descendit perpendiculairement dans le bassin, au
fond duquel on avait placé transversalement une grosse
poutre, de trente pieds de long, qui devait lui servir
d'appui; mais ce coffre de maçonnerie rencontrant,
lorsqu'on le lâcha, un fond moins solide d'un côté que
de l'autre, se renversa et forma une sorte de voûte sur
l'embouchure de cette source, dont le diamètre paraît
avoir huit pieds. Les eaux se trouvant alors compri-
mées et arrêtées à leur sortie, cherchèrent une issue
nouvelle et formèrent une des sources dont nous avons
parlé plus haut. La guerre ayant fait abandonner et
perdre de vue ces thermes, M. Héroguelle fit revivre
la réputation de leurs eaux, vers l'an 1682; il donna
le nom de Grand-Bouillon à la nouvelle source, et fut
le premier qui rendit célèbres les eaux de St.-Amand,
par un traité qu'il publia, en 1685, sur leurs propriétés
et leurs vertus curatives. Le temps et l'expérience ayant
convaincu le public de leur efficacité, achevèrent de

donner une réputation brillante à la Fontaine du Grand-Bouillon.

On entreprit une seconde fois de consolider la réputation de ces thermes, en cherchant à rendre les eaux plus chaudes, plus pures et plus claires. Pour y parvenir on commença, en 1697, par les ordres du roi, Louis XIV, et aux dépens des villes voisines, a entourer d'une bonne maçonnerie le bassin de la première fontaine, a une certaine distance, afin d'en écarter les eaux étrangères, lesquelles, suivant le calcul qu'on en fit, se mêlaient aux eaux de la source dans la proportion d'un cinquiéme.

Les dépenses faites en 1716 à la fontaine du Grand-Bouillon, étant devenues inutiles, on l'abandonna tout-à-fait pour revenir à la première source, qui avait repris son cours que la maçonnerie, dont nous avons parlé plus haut. avait détourné pendant quelque temps; on construisit à proximité quelques chambres de bains, pour la commodité des malades, et pour donner aux eaux le degré de chaleur nécessaire, pour les cas où elles ne seraient pas assez chaudes Mais, comme on

n'avait pas encore réussi à maintenir la pureté des eaux
des deux sources en question, et qu'on n'avait pas
suffisamment pourvu aux moyens de conservation de
leurs principes volatils, le Grand-Prieur et les Religieux de St.-Amand commencèrent, en 1764, à sup-
pléer, par de nouveaux établissements, à ce qui pouvait manquer à ces Fontaines, pour conserver entieres
leurs vertus curatives.

Comme les chambres de bains, qui étaient déjà près
des Fontaines, avaient produit constamment les effets
hygiéniques qu'on en attendait, les religieux de St.-
Amand en ajoutèrent dix nouvelles. Ils pourvurent
aussi au moyen d'appliquer des douches.

Quant aux boues, elles étaient souvent trop liqué-
fiées, et même inondées par les eaux de pluie et celles
des terres voisines ; leur superficie était exposée aux
variations de l'atmosphère. L'ardeur du soleil, l'air
froid, les vents agissaient sur elles tour à tour, et en
rendaient la pratique difficile aux malades, qui étaient
d'ailleurs exposés à la curiosité et aux sarcasmes des
passants, soit à leur entrée, soit à leur sortie de ces

boues. Pour obvier à tant d'inconvénients, et pour rendre l'usage des boues plus utile, plus étendu et beaucoup plus commode, les religieux de St.-Amand firent couvrir l'emplacement d'un pavillon ayant de grandes croisées au levant, au midi et au couchant, afin de ne pas les priver de l'influence que les rayons du soleil pouvaient avoir sur elles, et pour faciliter le renouvellement de l'air. Ils firent également contruire des loges dans le contour des bâtiments avec des lavoirs pour la commodité des baigneurs à la sortie des boues ; on pratiqua à chaque loge de petits canaux de décharge, tant pour recevoir les eaux surabondantes. qui arrivent du fond à la superficie des boues, que pour détourner celles qui venaient des terres voisines.

On ouvrit ensuite des allées et des promenades dans le bois, pour ajouter, à l'avantage de logements plus commodes et augmentés de plus de moitié, tous les agréments dont le local est susceptible.

Pendant la Révolution, l'établissement de St.-Amand souffrit comme presque tous ceux du même genre ; enfin, le département du Nord, appréciant toute son importance, en accepta la propriété et y fit exécuter d'importants travaux d'après un plan général et bien coordonné, dressé par M. Mallet, architecte à Douai.

Depuis 1842, tous les bâtiments sont entièrement terminés, les casiers établis sur la boue minérale sont au nombre de 62, les chambres de bains à celui de 24, et les chambres pour loger 150 ; on peut recevoir de 200 a 250 personnes.

Une espèce de hangar, où les boues se prenaient, a fait place à une gracieuse rotonde, éclairée au sud-est par des châssis vitrés et présentant, au nord-ouest, quatorze cabinets avec baignoires, où vont se rendre les malades à la sortie des casiers. Une arcade, qui lie ce bâtiment à celui des bains, permet de passer de l'un dans l'autre sans être exposé aux injures de l'air.

Les salles de bains, en grand nombre, sont chauffées par un calorifère et précédées chacune d'un cabinet qui sert de vestiaire. Plusieurs de ces salles sont destinées pour prendre les douches.

Celles-ci avaient été établies depuis de longues annee

en quantité proportionnelle aux besoins ordinaires ;
mais le chiffre des baigneurs s'élevant de plus en plus,
il est arrivé, en 1842, à la plupart des malades d'être
obligés d'attendre trop longtemps après la douche.
C'était un grave inconvénient auquel il fallait parer.
Les concessionnaires. qui ne reculent devant aucun
sacrifice pour l'amélioration de ce précieux établissement, y ont remédié en augmentant le nombre des
douches suivant la proportion croissante du nombre
des baigneurs.

A la suite de l'emplacement des bains, on a cons-
truit de vastes salons, des salles de jeux, des chambres
pour loger les baigneurs. Ces chambres, en très-grand
nombre, sont placées au rez-de-chaussée et au premier
étage : elles sont disposées de manière qu'on peut aller
prendre les douches ou les boues minérales, sans sortir
de l'établissement.

Un nouveau réglement du préfet du département a
déterminé le prix des logements, qui est très-modique.
La table est confortable sans être servi avec luxe,
comme à Baden, etc.

Le prix des boues, douches, bains, etc., est fixé par
le tarif; il en est de même pour la rétribution allouée
au médecin attaché à l'établissement et pour le salaire
des gens de service.

L'un des concessionnaires actuels, M. LIERMAIN
dirige cet établissement et tient un restaurant. Pendant
la belle saison, l'on donne des bals dans les grands
salons : ils sont fréquentés par le monde élégant et les
familles distinguées des deux frontières de France et de
Belgique. Les sociétés philarmoniques des villes voisines viennent faire de la musique d'harmonie dans
les bois d'alentours, dont les belles allées deviennent
le rendez-vous des gens de loisirs.

Anciennement, outre les établissements dont nous
venons de parler, on entretenait dans le même emplacement un hôpital militaire qui contenait 200 lits à
l'usage des soldats blessés ou affectés de rhumatismes,
auxquels on appliquait le traitement curatif des boues
minérales.

D'après l'ancien réglement fait le 10 avril 1767, par

M. *Taboureau*, intendant du Hainaut, concernant la police des eaux, bains, douches et boues minérales de St-Amand, chaque bouteille d'eau, prise à la fontaine, coûtait deux sous et demi à tout le monde indistinctement, sans le coût de la bouteille, etc. Il n'y avait que les habitants des environs qui pouvaient en prendre pour leurs besoins journaliers.

2o Les propriétaires étaient tenus d'entretenir des chambres de bains ; c'est-à-dire d'y amener de l'eau chaude et de l'eau froide, y faire du feu, tenir un lit garni et mettre un domestique à la disposition de toute personne indistinctement, moyennant 30 sous par jour, et cinq sous en plus, pour ceux qui exigeaient un drap de cuve. On ne pouvait occuper une chambre de bain plus de deux heures, pour le prix ci-dessus mentionné : mais chacun était le maître de garder une chambre plus longtemps, moyennant quinze sous par heure qui suivait les deux premières. Si quelqu'un voulait retenir une chambre pour son usage personnel, pendant son séjour aux eaux, on était tenu de la lui procurer, moyennant six livres par jour.

3o. Pour prendre la douche pendant une heure, on

payait vingt sous, et dix de plus, si l'on voulait passer de la douche au lit.

4° Les propriétaires devaient fournir à ceux qui prenaient les bains de boues, des manteaux de toile grise avec des coussinets, et couvrir chaque loge de rideaux bien fermés; procurer de l'eau chaude et de l'eau froide, dans des lavoirs établis pour la sortie des bains, ainsi que du feu et le linge nécessaire. On payait dix sous pour le seul usage des boues, pendant deux heures ou environ et, pour les commodités du lavoir, etc., quinze sous de plus.

5' Les religieux mendiants, les soldats admis à l'hôpital militaire, et les pauvres pouvaient jouir gratuitement des eaux et des boues, avec les commodités nécessaires. Il était même enjoint aux propriétaires d'avoir toujours quelques places de réserve pour ces sortes de baigneurs.

6° Les personnes qui n'étaient pas dans le cas de prendre les eaux ou les bains de boues gratuitement, et qui cependant ne voulaient pas faire les frais de la plus haute taxe, pouvaient avoir une chambre de bains à vingt sous pour deux heures, avec de l'eau chaude et de l'eau froide, du feu et le linge nécessaire.

Comme il n'y avait pas toujours assez de logements dans le voisinage des Fontaines et que bien des personnes étaient souvent obligées d'aller loger à la Croisette, hameau assez éloigné, on établit, pour la commodité de ceux qui ne voulaient pas faire le chemin à pied, ou qui n'étaient pas en état de le faire, quelques chaises roulantes, à raison de dix sous par voyage, et de quinze sous, pour une chaise à porteurs.

Ce réglement est entièrement tombé en désuétude. Il est remplacé par un nouveau qui est affiché dans l'intérieur de l'établissement.

L'auteur de cette notice n'a pas cru devoir y apposer son nom, parce qu'elle n'est que le résultat d'emprunts faits à divers ouvrages. En la publiant, il n'a cédé qu'au désir de faire connaître généralement les vertus des eaux et des boues de St -Amand, qui, à sa connaissance, ont procuré des guérisons inespérées.

D. D***